MARAVALHA

MARAVALHA
HIAGO RIZZI

telaranha

© **Hiago Rizzi, 2024**

Coordenação editorial Bárbara Tanaka e Guilherme Conde M. Pereira
Assistente editorial Juliana Sehn
Ilustração da capa Lusto
Projeto gráfico e diagramação Bárbara Tanaka
Comunicação Hiago Rizzi
Produção Letícia Delgado, Lucas Tanaka e Raul K. Souza

Dados Internacionais de Catalogação na Publicação (CIP)
Bibliotecário responsável: Henrique Ramos Baldisserotto – CRB 10/2737

R627m   Rizzi, Hiago
          Maravalha / Hiago Rizzi. — 1. ed. — Curitiba, PR: Telaranha, 2024.

          80 p.

          ISBN 978-65-85830-11-9

          1. Poesia Brasileira I. Título.

CDD: 869.91

Índices para catálogo sistemático:
1. Poesia : Literatura Brasileira 869.91

Direitos reservados à
TELARANHA EDIÇÕES
Rua Ébano Pereira, 269 – Centro
Curitiba/PR – 80410-240
41 3220-7365 | contato@telaranha.com.br
www.telaranha.com.br

Impresso no Brasil
Feito o depósito legal

1ª edição
Novembro de 2024

para Évellyn, cobra do meu paraíso

MARAVALHA, 11

QUARTO DE VISITA, 35

AMANTE FIEL, 53

POSFÁCIO,
    por Ana Luiza Rigueto, 73

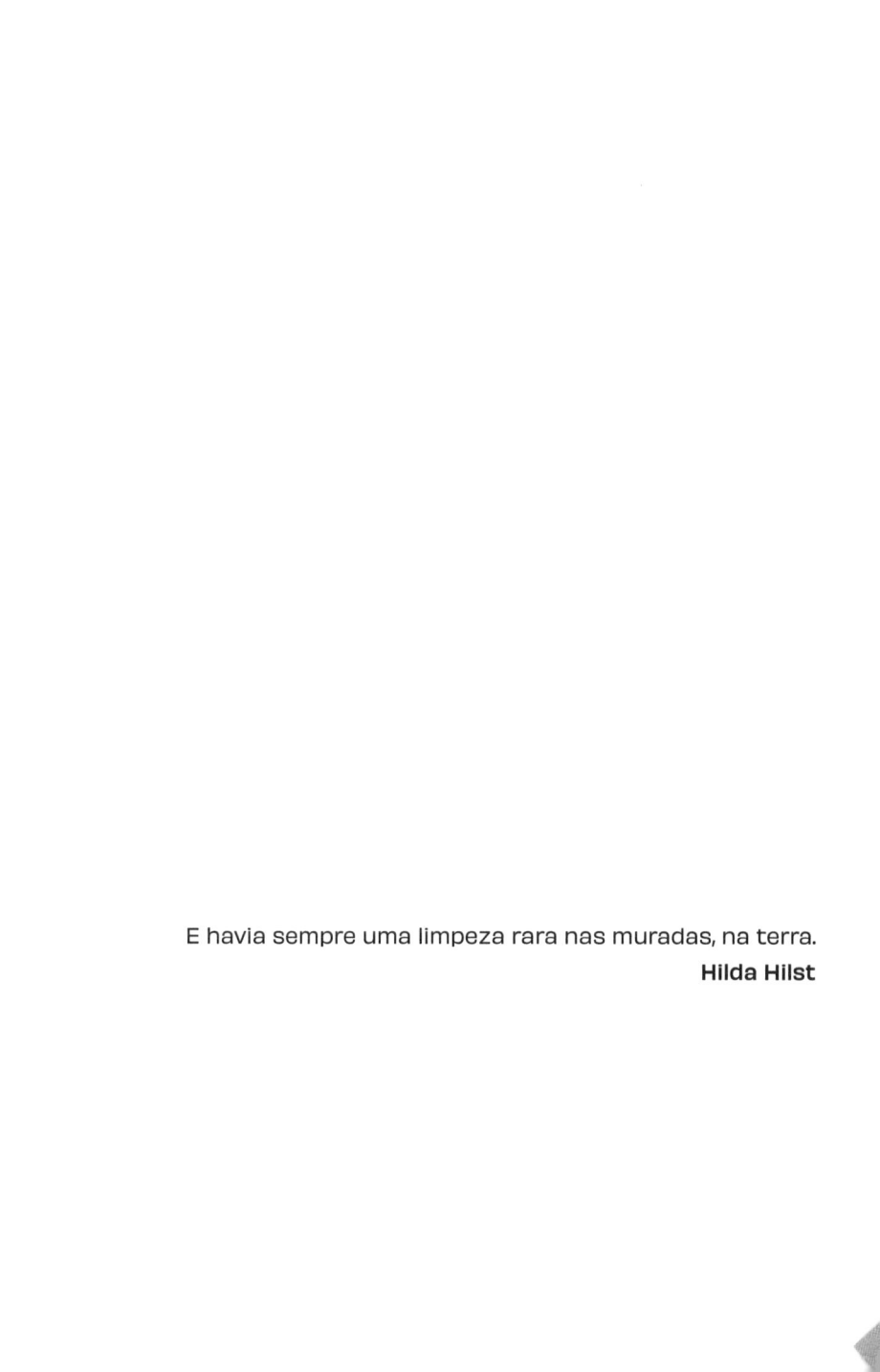

E havia sempre uma limpeza rara nas muradas, na terra.
Hilda Hilst

MARAVALHA

ANTIGAMENTE

a melhor fruta era do pai
e da mãe (a segunda melhor)
a melhor carne a palavra do pai é sábia
sempre podia escolher, apanhar do pai ou
do irmão mais velho

paul cézanne traz
novas de sapopema
natureza-nem-tão-morta
quem golpeia quem

eu escondo as
pequenas barbaridades

pedem onde nasci
"perto da argentina"
mais quente frio longe
de toda ilha
a uma hora de
saudades, um guri
matou crianças. o
pai volta azul
pescaria em paraíso
descanso, galpão colapado
de sol
nono lascando lenha
é coisa de uma letra
maravalha maravilha
menino tapo o rosto
às vistas crescem
lume de farpas

O SOLDADO

o soldado
no viracopos
além de virá-los
quer quebrá-los
para que eu não
veja de cima o céu
não ouse falar
de londrina em 1974

descascar beterrabas
como laranjas
não lembrar como
se descascam maçãs porque
faz bem, dizem os adultos.

então o não gostar
de batatas rústicas

bergman gosta de bergman
drummond gosta de bergman

que meus pais diriam se
juntos me conhecessem

para ana c. cesar

de toda forma
é sempre difícil ancorar um navio

"o mar está brabo"
colonos ilhados
com água até o peito
levanta os braços para receber
as ondas mais altas
por que altura não se mede com as mãos para o alto?
"está bom", consigo dizer.
sábado começa a oficina
de trabalho com a terra
estamos no mar enquanto
esgotam-se as vagas

nunca estive em campo grande
ainda que sinta as folhas moles
e deseje um filho cor de cuia
abrindo a gaveta para o caderno
de um verde que não há em campo grande
    entre papéis e plásticos
    fazer davi
    meu filho pardo de
campo grande repleta de casas
campo grande calor infernal
onças escondidas segredos
nas cercas baixas de campo grande
davi que não se acaba

aos varais de chão
recupero sonhos da puberdade
silêncios mormaços revistos
é só deitar me cobrem os
sonhos adultos de sempre
incapaz de esquecer
tratados convenções rituais
recolher a roupa antes que
caia o céu

um homem pinta as paredes
da nossa casa
não é meu pai
não é pai dos meus irmãos
cobre a casa de verde
mantém um interesse primário
pela botânica
crianças
sangue do meu sangue
vermelho
esse homem
ama vinhos importados
condução consciente
os olhos verdes da
nossa mãe

para stella do patrocínio

quando ouve cavalo
patas entram precisas e frias atrás
das costelas
deita o rosto liso sobre
a barriga quente
cavalo
ca   va
lo

a felicidade virá com dureza
disse minha mãe e disse
hoje vou trabalhar pelada.

agarrei suas pernas
implorando por tecidos
dureza em pedras coloridas
desculpas homeopáticas

para confuso olhando
as mãos como desenhos animados

você diz o sol vai todo
para lá ou ainda
quem vai nos proteger
dos criminosos depois das
vinte e duas

prometo pai
paro de mentir agora mesmo
sim eu fumo quando você dorme
sim contei pra mãe que a traiu
não eu não peguei o último
ovo em conserva

meu pai liga aos domingos ou
aos sábados quando não posso atender
mando a foto de um estandarte
onde se lê exu
diz é só fofoca ligo amanhã
por isso os domingos por isso amamos tanto
os pais
ausentes em maior ou menor grau
porque não se importam com deuses
não reclamam a gastança
não sabem seu novo endereço
ligam aos domingos
perguntam
como estão as coisas

pensei muito no que você disse
é assim desde pequeno
acorda cedo aos domingos
fica frente à janela
vendo os pássaros
antes da água
da primeira palavra
assim são as mães
imperdoáveis

um filho
nasce no dia dos meus anos

divido um dia como um nome
ensino a apagar um fósforo entre os lábios

não mostro como proteger os pelos do calor

uma pajero 95 sai de são miguel da boa vista
uma criança dorme no porta-malas

pensava no fogo
nas marcas de guerra
de caçada contrária

AUTORRETRATO AOS 21

embrutecido
não como o cascalho contido por uma tela de metal
encostando estradas da serra
ao mar.
quando visto esse jeans gasto
deixo a barba crescer até que os fios
se revelem loiros
recebo anos a mais.
também ao passar protetor
solar
nas costas do meu pai,
outro homem embrutecido,
anunciando não ter ninguém para
pinçar os pelos das minhas costas.
talvez assim tenha aprendido
o carinho por trintões
seus pelos esparsos nas costas
depois de transar como se
presenteasse
feliz trinta e seis
deixou jesus para trás
eu
ainda não

CURRAL

o dom de realizar
      que inverso
  faz tacanho
  em unhas curtas

elaborar as falhas
de dicção
à prosa poética

divino ter
    as narinas
tão abertas

EPÍLOGO

faz três dias botei os tigres pra dormir
cobri com uma manta de algodão quase linho
eles crescem cobertos são quase adultos
eu sentado do lado de fora do quarto-jaula
lendo-escrevendo sob o amarelo do corredor
— a gente sabe quando é hora de ir-se —
sem fazer barulho deixo a luz quase acesa
para que cobertos os tigres adolesçam

enquanto não sou feliz pra sempre
firmo os pés no ébano
os braços de ébano no ébano
deixo passar entre as pernas abertas
partículas de disfarce
um mar feito em casa
tomando o corredor
deitando sobre a cama
contra a cama
a minha cama
borrifada

QUARTO DE VISITA

se eu fosse um animal
seria um objeto
pontiagudo

para anaïs nin

para todos os véus
a palavra rasgar

sacudindo a língua
seca e por eterno a
ponto de umedecer

conhecer os castigos em
lençóis encharcados

CONTRA A PESCA ESPORTIVA

conheço anzóis de tamanho cor material
com as mãos sei a grossura do nylon
o peso do chumbo

hemingway faz tudo parecer tão simples
tão exercício de escrita e linguagem
como se não precisasse
encontrar um lugar
ir até ele
montar o caniço
saber tipos de peixe
ter paciência

para bárbara tanaka

que me importam os tigres dóceis
um tigre é um tigre
com ou sem asas
sempre há de ter garras afiadas
sempre há de apelar para
a ferocidade

sou dessa coisa que existe
dentro e na carne da boca
um tigre que se desnuda
um tigre que bebe leite
um tigre que se dá aos homens

sete dias só penso um tigre
e que fazer depois

nosso oásis foi tomado por água
até a altura da panturrilha
o que se pode fazer numa
piscina de condomínio
para crianças?
nos dias de chuva
me recolho no umbral
do meu próprio prédio
trocamos torpedos
repartimos café
repetimos tarefas
domésticas
no terceiro ou quarto dia de sol
desentocamos
desembestamos a falar
embalados pelo álcool
a cadeira de praia
ainda na água
você nunca vai me perdoar
por ter deixado a torneira aberta

IRASCÍVEL

reservo tempo da manhã
algo entre as seis e sete horas
para o exercício de aceitar a luz
que faz abrir os olhos.
levanto, nessa hora poderia me
mover com eles fechados
por isso raspo os cabelos atrás
até o meio da cabeça
coloco a mão e repito o carinho da mãe
      aos oito, treze, vinte anos
penso poder contar com um novo dia
e a gentileza de mulheres

UM ATOR QUE PERDE

calço minhas botas hayabusa
sou são miguel arcanjo
enfrentando uma horda de
ex-namorados atentados
uso minha melhor voz
sou um carioca sedutor
escrevi um livro inteiro para
apoiar no meu tanquinho
avanço o rio até as coxas
sou um falso pescador
riscando palavras no ar
com o molinete travado
no parque de cachorros
sou dj arana o mais brabo
da tropa tropa tropa

selar parceria de anos
eu que estou prestes a contar
centenas de segredinhos
a peça que falta para este farolete
rodar como um giroflex
boquinha boquinha
segredinhos
não é um dom embalsamar
sentenças

psi quer dizer libra força por polegada quadrada
o pneu da minha bicicleta suporta 45 psi
imagino que até um pouco mais
há sempre uma margem de segurança
para evitar o risco de acidentes
e pelo risco os acidentes.
desconheço um libriano assim tão forte
mas são do mesmo ar que enche pneus
e a melhor parte do final de semana

BEATO

anjos vedam o quarto
meu deus se faz dois
encera o assoalho, deita
conosco na cama e
estala o estrado

LESÃO UNGUEAL

querido, você anda tão hermético
fale do dedo prensado na janela
da mancha preta que expulsa a
unha da pele à ponta do dedo
não conte mais coisas do som
    kubota tanaka akira kuana
o som afasta, tão mais o silêncio
conte, querido, fale da unha

madrugada e um ônibus
atravessa estados do sul
nos últimos dias do ano
não se faz mais nada
por isso cintila
a brasa do fumo
nossos pelos eriçados
do rojão que lanha o céu
precoce

NASCE UM MENINO

guardaria as mãos de heath ledger
se ele fosse o homem que eu vi
pastorear

conto com a invigilância de fernando
meu vizinho, se por acaso quebro
doze copos desatento
preparando meu café
ideias de mundo enevoadas
meu braço em revoada
sobre o balcão

sinais de sol se espalham
sob as costas voltadas pro alto
recolho os cacos com meu corpo
despertando

primeiro pensamento
claro-escuro da manhã
o corpo adolescente
braços e pernas sem saber
o que fazer derrubam
doze copos

PEDAL

um homem lava a varanda do apartamento
rega a sombra das árvores no asfalto
onde passo
quase atropelo uma criança
a mãe assiste ternamente
"é o primeiro dia sem rodinhas"
antes que a mãe possa seguir
que eu possa seguir
o chão se abre
rebenta a imagem
do poema

AMANTE FIEL

tô pensando em você
reunindo ideias para um texto
que é um livro que é um rio
dois corações completos
balões cheios d'água
ternamente cutucados
perdidos
acima e frente à
inevitável perfuração

CARNAVAL

cai uma garoa chata e
lembra de são paulo? é assim também
dá vontade de dizer que é assim
em toda cidade com mais de 100 mil
mas eu não digo porque já contei do teatro
e do que penso sobre beijar homens e mulheres

AUTORRETRATO AOS 22

preciso resolver isso antes de adoecer mas
esta semana estive ocupado
testando ists emoldurando quadros
afasto a pressa do crucial
leio ainda mais devagar
não pareço precisar de conselhos
mas os adoro não tenho medo
da janela imunológica de furar o dedo
me convenci pela diversão
vou voltar a malhar vou continuar a
usar drogas e transar transar transar
são vinte e dois anos que às vezes
parecem mais e poucas vezes menos.
é quando apronto as maiores besteiras
e sou mais alegre

vou eu saber a cor do estrogênio
 — é transparente como gel de cabelo
também a margarina sem corantes

da cama vejo
a amiga o tapete
o barco o mar
carmesim

velas aproam contra a camiseta

PLANO DE CONDUÇÃO

no quarto andar de um
velho prédio no centro
perdeu o silêncio
madrugueiros apontando
um nove meia sete
é a senha da portaria
e um ano que terminou
monos para dois rapazes.
conversam no corredor
rosas arrancadas em
canos de espingardas

thiago,
sou este rebu
você um anjo de costas largas
faz-se homem bom, diz-me azuis
não percebe, te quero mal
percebe e releva
sabe a verdade
te quero bem
quero muito
assim, homem bom
finjo não ver anjo
acima da volúpia que
me faz chorar e ser crente

segure e arraste para encontrar as palavras

PIXELADO

tentando resolver o problema
de figuras em baixa resolução
que quando impressas e recortadas
perdem as bordas esmaecentes
num súbito ferindo
um sentido interior

CAMAÇADA

substantivo
feminino
de laço
de pau
sova
surra
surra
doenças
venéreas
em
simultâneo
ou em
sucessão

fazer cinco anos cinquenta
para o horror dos concretos
plano agora é das sobrancelhas
como se toma
um comprimido sublingual
helicópteros em vagarosa inspeção
no teu meu milharal até que
entre as folhas cortantes
se erga um mastro
se abra um traço

CARAVELLE

à noite esta fachada é mesmo macabra
ou de dia
quando os carros voltam do trabalho
mesmo assim sou capaz de embarcar
num quarto do hotel caravelle
alegramo-nos lubrificados
a falsa dúvida da camisinha e mais tarde
quando a fachada parecer perigosa outra vez
não voltarei por um amigo esquecido
mesmo que ele se lembre de mim
e como não lembraria

LOVE STORY

sinto estar embarcando em um navio
quando subo na minha cama
poderia deixar remédios sobre ela
e uma criança não alcançaria
é mais fácil agora sabendo que
apesar dos remédios, alguns homens
querem sim engravidar

todo um mistério
um homem que pensa
ou todo um mistério
minha meia-passagem
da janela de um transporte terrestre
esse é meu limite até a vista pro mar
freio o mundo com as unhas dos pés
prego tua imagem de homem que pensa
em todos os cantos
faço sua matéria

ser rebanho
não ter pena
a astúcia
amante fiel

de goiás cuiabá
ponta grossa
eles vêm

espero a hora
embora iluminado
pela morte

antes de você chegar
pensava escrever um poema
de desculpas
pela minha ignorância com máquinas
ainda que não seja um animal
sinto as pedras e paus
que fizeram de mim
este objeto pontiagudo
perguntei sobre seus pais
o trabalho com a terra
como pagar as contas
eu é que não respondi
o convite para ir ao museu
remédio para a coluna
mistura para o estômago
pernas para a bicicleta
a perfumaria está ressequida
lavo a cabeça todos os banhos
para manter-me vivo
e aromático

MARAVALHA MARAVILHA,
um posfácio por Ana Luiza Rigueto

O nome "maravalha" parece um trocadilho para "maravilha". Em vez da ilha, a navalha. Mar, ar, valha. Ma-ra-va-lha. Lembra, mesmo sozinha, a formação de uma metáfora, pela combinação entre imagens deslocadas dentro da própria palavra. "Maravalha" é como são chamadas aquelas fuligens de madeira, pequenas lascas, que servem como forragem de animais, amortecimento para objetos ou para dar início a centelhas de fogo. *Maravalha* também é um nome e tanto para um livro de poemas, este, o primeiro de Hiago Rizzi. E "é coisa de uma letra/ maravalha maravilha/ menino tapo o rosto/ às vistas crescem/ lume de farpas" (p. 15), nos escreve.

É nesse ritmo que chegam os 50 poemas desta publicação, divididos em três seções – "Maravalha", "Quarto de visita" e "Amante fiel". São 50 poemas telegráficos, concisos, dando rasantes em imagens palpáveis que sentimos na pele. Como no poema dedicado à Stella do Patrocínio (p. 24) – uma das quatro mulheres a quem poemas são dedicados no livro –, em que tocamos na barriga do cavalo através do som de sua chegada.

quando ouve cavalo
patas entram precisas e frias atrás
das costelas
deita o rosto liso sobre
a barriga quente
cavalo
ca   va
lo

Os versos de Hiago Rizzi atravessam a infância e fazem uma passagem para a idade adulta, soletrando pai, mãe, terra, sol, farpas de madeira, sexo, animais, carne de fruta, ou coisas mais duras, que são descortinadas. Por exemplo, no poema em que chama atenção a imagem incomum, diria inédita, de uma mãe que anuncia "hoje vou trabalhar pelada" (p. 25):

a felicidade virá com dureza
disse minha mãe e disse
hoje vou trabalhar pelada.

agarrei suas pernas
implorando por tecidos
dureza em pedras coloridas
desculpas homeopáticas

Apesar do universo prosaico dos poemas, sua forma elíptica nos implica numa leitura que, não sendo hermética, é, em alguma medida, cifrada. Como quando nos contam uma fofoca pela metade: a vida ditada aqui se dá a ver – de viés. Isso remete à escrita poética de Ana Cristina Cesar, uma das referências explicitadas por Rizzi no livro.

Em seu clássico ensaio "Singular e anônimo", Silviano Santiago identifica um protocolo de leitura estabelecido pela poeta Ana Cristina Cesar com seu leitor, que acontece na medida em que "o texto desalimenta (quer dizer: desestimula a progredir na leitura) o leitor"*, enquanto, apesar da sensação de intimidade, faz pensar que alguma chave não foi entregue de propósito – como se não soubéssemos de antemão do que precisaríamos para captar de vez a intimidade insinuada no texto. E é esse justamente o jogo, inserir a falta, manter a elipse.

Hiago Rizzi, em seu *Maravalha*, parece trabalhar a partir de um pacto de leitura semelhante. Mesmo que aconteça uma entrega lírica por parte do poeta, da vida familiar, doméstica, sexual, é uma entrega velada. Isso se explicita nos versos a seguir (p. 44), prestes a contar segredinhos e as peças que faltam:

selar parceria de anos
eu que estou prestes a contar
centenas de segredinhos
a peça que falta para este farolete
rodar como um giroflex
boquinha boquinha
segredinhos
não é um dom embalsamar
sentenças

O prazer na leitura de *Maravalha* começa pelo título, que dá indício da elegância das imagens, da concisão solar das cenas,

---

* SANTIAGO, Silviano. *Nas malhas da letra*: ensaios. Rio de Janeiro: Rocco, 2002. p. 62.

da experiência tátil da vida comum. Verso a verso, chegamos a um acúmulo semelhante ao das fotografias reveladas ano após ano – elas são íntimas mas escondem tanto. O que ficou dessas pessoas? Qual é o sexo de que se fala? Para onde foi o pai? Quantos anos se passaram? Temos mesmo saudade da terra da infância? Como ler um novo livro de poemas? O livro de Hiago Rizzi, afinal, parece propor um acordo com a gente: você vai ler, vai querer fazer muitas perguntas, as perguntas vão se desfazer na mesma medida. Igual a quando saímos pacificadas do chuveiro só porque nos sentimos mais vivas, limpas:

> lavo a cabeça todos os banhos
> para manter-me vivo
> e aromático
> (p. 69)

Ana Luiza Rigueto é poeta, jornalista e crítica de literatura. Pesquisa poesia contemporânea no Programa de Pós-graduação em Ciência da Literatura da Universidade Federal do Rio de Janeiro (UFRJ), edita a revista *Parque dos Parquinhos* e o jornal *Sola Grossa*. Publicou *Entrega em domicílio* (Urutau, 2019) e *Bodybuilder* (Fictícia, 2023). Nasceu em Mimoso do Sul, Espírito Santo.

1ª edição [2024]

Este é o livro nº 20 da Telaranha Edições.
Composto em Obviously, sobre papel avena 90 g, e impresso nas oficinas da Gráfica e Editora Copiart em outubro de 2024.